Lladrad

Llion Iwan

I gyd-fynd â Taith Iaith 5

Ⓟ Prifysgol Cymru, Aberystwyth, 2007
Mae hawlfraint ar y deunyddiau hyn ac ni ellir eu
hatgynhyrchu na'u cyhoeddi heb ganiatâd perchennog yr
hawlfraint.

Cyhoeddwyd gan
Y Ganolfan Astudiaethau Addysg,
Aberystwyth, gyda chymorth ariannol
Cynulliad Cenedlaethol Cymru.

ISBN: 978 1 84521 192 9
ISBN: 978 1 84521 198 1 (set)

Cydlynwyd y gyfres gan Non ap Emlyn ac Eirian Jones
Dyluniwyd gan Ceri Jones

Llun y clawr: Moira Hay

Diolch i Luned Ainsley, Angharad Evans, Ann Lewis,
Aled Loader a Dafydd Roberts am eu harweiniad gwerthfawr.

Argraffwyr: Gwasg Gomer

Pennod 1

Doedd Jac ddim wedi gweld gwn iawn o'r blaen! Ond rŵan, roedd dyn mewn balaclafa du yn pwyntio gwn at ben ei fam.

Roedd hi'n sefyll wrth y stôf yn y gegin.

"Peidiwch â symud a bydd popeth yn iawn," gwaeddodd y dyn ar bawb arall yn y gegin. "Os dach chi'n symud, bydd hi'n marw!" Roedd ofn ar Jac.

Daeth dyn arall i mewn drwy ddrws y gegin, yn cario gwn. Caeodd o'r drws. Roedd o'n gwisgo cot, trowsus du, a balaclafa glas dros ei wyneb ac roedd ei wn o'n pwyntio at y plant. Roedd y gwn yn debyg i *Glock 17*, fel yn y ffilm *Edison* roedd Jac wedi'i gweld ar *Sky* nos Sadwrn.

Gwthiodd yr ail ddyn ei fam tuag at un o'r cadeiriau wrth y bwrdd.

Yn eistedd wrth y bwrdd, roedd Jac yn gallu gweld ei chwaer ddeg oed, Esyllt, a'i frawd deuddeg oed, Rhodri. Ar yr ochr arall i'r bwrdd roedd ei ffrind gorau, Huw. Roedd o'n bymtheg oed – fel Jac. Roedd o wedi dod i aros dros nos gyda Jac.

Roedd Jac a Huw wedi bwriadu aros ar eu traed yn hwyr yn gwylio *DVD*s a chwarae *Playstation 2*. Ond doedd neb yn mynd i chwarae dim byd heno!

Roedd Jac yn gallu gweld popeth yn y gegin ond doedd neb yn gallu gweld Jac. Roedd o yn ei ystafell wely yn yr atig yn gwylio popeth ar sgrîn ei gyfrifiadur *iMac* newydd gyda'r *headphones* dros ei glustiau.

Achos bod Huw'n dod i aros dros nos, roedd o wedi dod â'i declyn *iSight* gyda fo. Camera bach arbennig oedd hwn. Roedden nhw wedi cuddio'r camera yma yn y gegin ac wedi ei gysylltu fo gyda'r cyfrifiadur er mwyn gweld beth oedd yn digwydd yno. Syniad y ddau ffrind oedd gwylio rhieni Jac ar sgrîn y cyfrifiadur yn ystafell wely Jac, ac wedyn basen nhw'n gwybod pryd roedd hi'n ddiogel i chwarae gemau ar y *Playstation*.

Roedd Jac wedi rhoi'r camera bach yng nghornel y gegin – rhwng dau lun.

Ar y sgrîn, gwelodd o drydydd dyn yn dod i mewn i'r gegin. Roedd o'n gwisgo dillad du hefyd, ond balaclafa coch oedd ganddo fo. Yn ei freichiau, roedd reiffl *Heckler a Koch.*

"Mae'r tŷ'n glir, Capten. Does neb arall yma a dw i wedi cloi'r drysau a'r giât wrth y ffordd fawr," meddai'r dyn yn y balaclafa coch.

"Ti'n siŵr, Coch?" gofynnodd yr arweinydd.

"Ydw, dim problem," atebodd o. Troiodd yr arweinydd i edrych ar y teulu wrth y bwrdd.

"Rhowch eich dwylo ar y bwrdd. Rŵan!" Rhoiodd pawb eu dwylo ar y bwrdd. "Glas, gwna dy waith," meddai'r arweinydd. Roedd o'n pwyntio ei wn at y fam a'r plant.

Tynnodd y dyn yn y balaclafa glas ddarnau hir o blastig o'i boced. Roedden nhw'n edrych fel *zip-ties* i Jac. Aeth o o gwmpas y bwrdd yn cau'r darnau plastig o gwmpas dwylo'r teulu. Yna, aeth o drwy boced pawb yn gyflym, er mwyn gwneud yn siŵr bod gan neb ffôn symudol.

"Reit. Ar eich traed. Dach chi'n symud i'r ystafell fyw."

Cododd y pedwar a cherddon nhw o'r ystafell. Roedden nhw'n edrych yn ofnus iawn. Aeth y tri dyn arfog gyda nhw.

Mewn llai na munud roedd yr arweinydd a'r dyn yn y balaclafa glas yn ôl yn y gegin. Eisteddodd yr arweinydd. Tynnodd y ddau eu balaclafas a'u rhoi nhw ar y bwrdd.

"Pam brynaist ti'r rhain?" gofynnodd yr arweinydd. Roedd o'n ddyn canol oed. "Maen nhw'n rhy gynnes. Rwyt ti wedi prynu'r rhai ar gyfer sgïo yn y gaeaf!"

Tynnodd o ei fenig, a rhwbiodd o ei law drwy ei wallt. Yna, rhoiodd o ei law ar y bwrdd. Gwelodd o'r dyn arall yn edrych arno fo. Roedd o tuag ugain oed gyda gwallt golau.

"Bob, paid â gwneud hynna rhag ofn i'r heddlu ffeindio olion bysedd neu DNA. Maen nhw'n glyfar iawn gyda'u hoffer technegol!"

"Gwranda, y clown," meddai'r arweinydd mewn llais tawel. "Paid â defnyddio'n enwau ni. Iawn? Paid â phoeni, fydd dim olion bysedd na DNA yma. Rydan ni'n mynd i losgi'r lle, wyt ti'n cofio?"

Am y tro cyntaf mewn pum munud, symudodd Jac yn ei sedd. Llosgi'r tŷ? Dynion arfog? Beth yn y byd oedd yn digwydd? A ble oedd ei dad?

Yna, roedd o'n gwybod. Roedd y dynion yma ar ôl ei dad. Roedd rhaid iddo fo rybuddio'i dad.

Chwiliodd o yn ei boced am ei ffôn symudol – ond heb lwc! Edrychodd o o gwmpas yn gyflym. Doedd y ffôn ddim yn yr ystafell wely! Edrychodd o ar y sgrîn eto. Yno, ar ben cwpwrdd, tu ôl i'r dynion, roedd Jac yn gallu gweld ei ffôn. Roedd o wedi gadael y ffôn yn y gegin – roedd ffonio ei dad neu anfon neges destun yn amhosib!

***

Roedd un peth doedd Jac ddim yn ddeall – pam doedden nhw ddim wedi dod i chwilio amdano fo? Ond wedyn, sylweddolodd o – doedden nhw ddim yn gwybod ei fod o yno, hwyrach!

Roedd popeth yn edrych mor normal pan ddaethon nhw adref o'r ysgol yn *Jeep* ei fam. *Jeep* newydd oedd o, gyda gwydr tywyll a doedd neb yn gallu gweld i mewn.

Fel pob prynhawn arall, roedd hi wedi gyrru'n syth i mewn i'r garej yng nghanol y tŷ ac roedd drws y garej wedi cau ar ôl iddyn nhw yrru i mewn. Yna, o'r garej, roedd pawb wedi mynd yn syth i'r gegin drwy ddrws mewnol.

Cyn i rieni Jac brynu'r tŷ, seren y byd roc oedd yn byw yno. Roedd o wedi symud yno achos bod y tŷ mor ddiogel a phreifat. Doedd neb yn gallu gweld na chlywed beth oedd yn digwydd yno! Roedd o wedi llenwi waliau'r tŷ gyda deunydd atal sŵn hefyd fel bod pobl eraill ddim yn gallu clywed ymarferion y grŵp.

Felly, mae'n debyg bod y dynion arfog ddim wedi gweld fod ffrind Jac gyda fo. Ac rŵan, roedden nhw'n meddwl mai Jac oedd Huw!

Ond am faint mwy o amser basen nhw'n meddwl hynny? Efallai basen nhw'n dod i chwilio amdano fo unrhyw funud. Ar y sgrîn, roedd y dynion arfog yn dal i siarad.

"Mae'n amlwg dy fod ti wedi anghofio popeth rydan ni wedi drafod! Felly, well i ni fynd dros y cynllun eto," meddai'r arweinydd.

"Rŵan, rhaid i ni aros," dwedodd o. "Aros i William Huws ddod adref o'i waith, ac yna, rhaid i ni ei berswadio fo'n helpu ni i fynd i mewn i'w swyddfa. Unwaith rydan ni yn y swyddfa, fydd dim problem.

Bydd o'n barod iawn i'n helpu ni achos bod ei deulu bach yma gyda ni.

"Wedyn, byddwn ni'n cael tua hanner can miliwn o arian parod – doleri, ewro, sterling." Roedd yr arweinydd yn mwynhau gwrando ar ei lais ei hun!

"Ond rhan fwyaf clyfar y cynllun ydy'r rhan nesaf – lladd y teulu a llosgi'r tŷ. Ar ôl i ni orffen, bydd yr heddlu'n meddwl bod y tad wedi cracio achos pwysau gwaith a phroblemau eraill a'i fod o wedi dwyn yr arian a lladd ei deulu – a fo ei hun! Byddwn ni'n gadael ychydig o'r arian yma wedi'i losgi!"

Yn ei sedd yn yr atig, cododd Jac ei ddwylo i wasgu'r *headphones* yn dynnach am ei glustiau.

"A hyd yn oed os bydd yr heddlu'n meddwl bod rhywun arall wedi lladd y teulu, mi fyddwn ni ym mhen draw'r byd! A beth bynnag, gyda'n plismon bach ni yn ein helpu ni, byddwn ni'n cael digon o rybudd am hynny hefyd." Dechreuodd y dyn ifanc yn y gegin chwerthin.

"Cynllun gwych, Bo ... – ... Capten," dwedodd o. "Fydd neb yn gwybod mai lladrad go iawn ydy hwn."

"Os byddi di'n gwneud popeth dw i'n gofyn i ti wneud, fydd dim problem. Wyt ti'n deall?" Nodiodd y dyn ifanc ei ben.

"Rŵan, gwna baned o goffi i fi. Gwna un i Coch hefyd."

Roedd Jac yn teimlo'n sâl. Roedd o'n teimlo'n sâl ar foreau arholiadau ysgol, ond roedd hyn yn waeth.

Yna, gwelodd o'r arweinydd yn tynnu ffôn symudol o'i boced. Doedd Jac ddim wedi clywed y ffôn yn canu felly rhaid fod y ffôn ar *vibrate.* Clywodd o'r tegell yn berwi yn y gegin a gwelodd o'r dyn ifanc yn chwilio drwy'r cypyrddau.

"Ydy, mae popeth yn mynd yn iawn. Dim problem o gwbl gyda'r ieir. Byddwn ni'n eu lladd nhw yn y bore. Dydy'r ceiliog ddim wedi cyrraedd eto, ond dw i'n siŵr fydd o ddim yn hir. Gwna'n siŵr fod popeth yn iawn ar dy ochr di hefyd."

Yna, rhoiodd o'r ffôn yn ôl yn ei boced. Gwelodd o'r dyn ifanc yn edrych arno fo wrth iddo fo wneud y te.

"Ein plismon bach ni oedd hwnna. Mae'n swnio'n fwy nerfus bob tro dw i'n siarad gyda fo."

"Wyt ti'n siŵr ein bod ni'n gallu ymddiried ynddo fo?" gofynnodd y dyn ifanc gyda'r gwallt golau. "Os ydy o mor nerfus, efallai bydd o'n dweud popeth wrth ei ffrindiau yn y CID."

"Does dim angen i ni boeni o gwbl. Mae ganddo fo wraig a phedwar o blant a dyledion gamblo ofnadwy. Os bydd o'n agor ei geg, mae o'n gwybod bydd o'n colli'i swydd a'i bensiwn. Bydd rhaid iddo fo fynd i'r carchar, a does dim llawer o groeso i'r heddlu yn y carchar! Hefyd, bydd ei deulu'n colli'u cartref achos y dyledion.

"Felly, na, dw i ddim yn meddwl bydd o'n agor ei geg. Mae o'n gwybod os bydd y job fach yma'n llwyddo, bydd ei ddyledion o – a ni – yn diflannu am byth."

∗ ∗ ∗

Doedd Jac ddim yn gwybod beth i'w wneud.

Roedd dynion arfog yn gwylio'i fam, ei frawd a'i chwaer a'i ffrind gorau i lawr y grisiau. Roedden nhw'n aros am ei dad, ac roedden nhw'n mynd i wneud iddo fo fynd â nhw i'w swyddfa yn y banc lleol. Yna, roedden nhw'n mynd i ddwyn yr arian a lladd pawb.

Roedd rhaid iddo fo wneud rhywbeth – ond beth? Doedd o ddim yn gallu gadael y tŷ achos bod y dynion arfog i lawr y grisiau. Doedd o ddim yn gallu ffonio'r heddlu achos bod ei ffôn symudol yn y gegin – a beth bynnag, roedd o'n gwybod bod un ditectif yn gweithio i'r lladron.

Edrychodd o ar y cloc. Roedd awr, dim mwy na hynny, cyn i'w dad gyrraedd adref. Awr i wneud rhywbeth. Chwe deg munud i achub ei deulu.

Pennod 2

Beth oedd o'n mynd i'w wneud? Roedd o'n gwybod bod tri dyn arfog i lawr y grisiau. Roedd un wedi cwyno yn barod ei fod o'n teimlo'n boeth achos y dillad a'r balaclafas cynnes. Penderfynodd Jac wneud pethau'n fwy anodd iddyn nhw!

Doedd o ddim wedi rhoi golau'r atig ymlaen pan aeth o yno heno achos roedd o'n nabod y tŷ fel cefn ei law. Doedd dim angen golau arno fo i ffeindio'i ffordd o gwmpas y tŷ!

Felly, yn y tywyllwch, ac yn dawel bach, cerddodd o i lawr y grisiau o'r atig. Ar waelod y grisiau, roedd y cwpwrdd sychu dillad – a'r *thermostat* o dan hen dywelion a blancedi. Aeth o i mewn i'r cwpwrdd i droi'r *thermostat* i fyny.

Yn sydyn, yn y cwpwrdd, cofiodd. Cofiodd y diwrnod ofnadwy yna, pan oedd o'n saith oed – y diwrnod roedd o wedi mynd i mewn i'r cwpwrdd yma ac roedd y drws wedi cau tu ôl iddo fo. Roedd hi'n amhosib agor y drws o'r tu mewn ac roedd rhaid iddo fo aros yno am amser hir iawn. Roedd o wedi gweiddi a gweiddi ond doedd neb yn gallu ei glywed o achos y waliau trwchus a'r deunydd atal sŵn roedd y seren roc wedi ei roi yn y waliau.

Troiodd y tymheredd i fyny i 40°C, ac yna torrodd o'r swits plastig. Basai neb yn gallu troi'r tymheredd i lawr rŵan! Tynnodd o'r bylb golau allan. Caeodd o'r drws yn ddistaw. Tynnodd o'r bylb allan o'r lamp ar dop y grisiau hefyd.

Yna, yn dawel bach, aeth o yn ôl i'r atig. Edrychodd o o gwmpas. Beth nesaf?

Roedd y tŷ'n ddiogel iawn. Roedd systemau larwm ardderchog yno a ffenestri a drysau diogel iawn. Roedd rhaid iddo fo geisio perswadio'r lladron i adael y tŷ, yna basai o'n cloi'r drysau ac yn taro'r larwm. Basai hynny'n rhybuddio'r cwmni diogelwch ac yn galw'r heddlu. Ond sut oedd o'n mynd i wneud hynny?

Yna, cofiodd. Roedd dau berson wedi marw mewn tân yn y dref tua blwyddyn yn ôl. Roedd tad Jac wedi dechrau poeni beth fasai'n digwydd i'r teulu pe basai tân yn y tŷ yma ac felly, roedd o wedi trefnu ffordd iddyn nhw ddianc o'r atig. Roedd o wedi rhoi ysgol raff yn yr atig. Roedd hi'n bosib hongian yr ysgol yma drwy'r ffenest *velux* yn y to ac roedd hi'n ddigon hir i gyrraedd y llawr.

Yn yr atig, hefyd, roedd llawer o gypyrddau'n llawn hen ddillad. Roedden nhw'n lleoedd da ar gyfer chwarae cuddio pan oedden nhw'n blant bach.

Troiodd o yn ei ôl at sgrîn y cyfrifiadur. Roedd o'n gallu gweld yr arweinydd a'r dyn ifanc yn eistedd wrth y bwrdd yn y gegin. Aeth o yn nes at y sgrîn a gwisgodd o'r *headphones* eto.

"Mae'n ofnadwy o boeth yma. Dydy'r dillad yma ddim yn helpu chwaith. A ble mae o? Dydy o ddim yn hwyr fel arfer."

Roedd yr arweinydd yn edrych ar ei watsh bob yn ail eiliad. Roedd y gwres wedi dechrau effeithio arno fo achos roedd ei wyneb o'n goch ac roedd chwys yn llifo i lawr ei fochau o.

"Reit, gofynna i'r fam ble mae'r *thermostat*. Yna, dos i droi'r gwres i lawr! Na, tro'r gwres i ffwrdd! Rhaid i ni gadw'n cotiau ymlaen achos unwaith mae o'n cyrraedd dw i ddim eisiau gwastraffu amser. Byddwn ni'n gadael am y banc ar unwaith!" Nodiodd y dyn ifanc ei ben cyn gwisgo'r balaclafa a gadael y gegin.

Roedd rhaid i Jac symud yn gyflym. Yn dawel bach, cerddodd o i lawr y grisiau o'r atig. Cuddiodd o tu ôl i ddrws ystafell wely wrth y cwpwrdd sychu dillad.

O fewn munud, clywodd Jac y lleidr yn dod i fyny'r grisiau ac yna'n agor drws y cwpwrdd dillad. Clywodd o'r dyn yn rhegi achos bod y lampau ddim yn gweithio. Gwelodd Jac olau gwan *lighter.* Clywodd o'r lleidr yn chwilio am y *thermostat* yn y cwpwrdd.

Yn araf, camodd o heibio i ddrws yr ystafell wely. Roedd o'n gallu gweld drws y cwpwrdd dillad ar ei ochr chwith a chysgod y lleidr.

Roedd ei galon o'n curo'n wyllt. Estynnodd o ei law yn ofalus at y drws a chaeodd o'r drws yn ddistaw.

Rhewodd o am funud. Oedd, roedd o wedi cau'r drws! Yna, teimlodd o'r drws yn ysgwyd wrth i'r lleidr geisio ei agor o. Ond doedd o ddim yn gallu clywed dim byd achos bod y drws mor drwchus.

Troiodd Jac i fynd yn ôl i'r atig, ond teimlodd ei droed yn taro yn erbyn rhywbeth ar y llawr. Cododd o'r peth.

Teimlodd o fetel oer y gwn yn ei law. Heb feddwl eilwaith aeth o â'r gwn i'r atig.

Yn ôl yn yr atig, agorodd o un o'r cypyrddau a rhoiodd o'r gwn o dan fagiau plastig bin du'n llawn dillad.

Rŵan, roedd rhaid twyllo'r ddau leidr arall fod yr un ifanc wedi cael ofn a'i fod o wedi rhedeg i ffwrdd.

Agorodd o'r ffenest *velux* fawr a gollwng yr ysgol raff drwyddi hi. Yna, troiodd o olau'r atig ymlaen. Edrychodd o ar y sgrîn ac, yn y gegin, roedd o'n gallu gweld yr arweinydd yn sefyll. Roedd o'n edrych ar ei watsh eto ac roedd o'n gweiddi ar rywun. Diffoddodd Jac y sgrîn cyn agor cwpwrdd o dan y ddesg a gwasgu'i gorff i mewn iddo fo, ond aeth o â'r *headphones* a'r cebl hir gyda fo. Fasai o ddim yn gallu gweld beth oedd yn digwydd ond basai o'n gallu gwrando ar bopeth. Caeodd o ddrws y cwpwrdd.

Yn y tywyllwch, roedd ei galon o'n swnio fel drwm. Clywodd o'r arweinydd yn gweiddi yn y gegin.

"Hei, Glas. Ble wyt ti? Hei ateba fi, ateba fi rŵan!"

Yna, distawrwydd. Roedd Jac yn gwybod ei fod o wedi gadael y gegin. Roedd yr eiliadau nesaf yn mynd i fod yn allweddol.

Pe basai cynllun Jac yn llwyddo, basai'r lladron yn siŵr o adael y tŷ. Pe basai'r cynllun ddim yn gweithio, basen nhw'n siŵr o ladd pawb.

***

Pan adawodd yr arweinydd y gegin doedd o ddim yn gwisgo ei falaclafa achos roedd o'n chwysu. Roedd y tŷ'n boeth ofnadwy! Sut oedd pobl yn gallu byw yn y gwres yma? meddyliodd o. A ble oedd y banciwr? A ble oedd y clown ifanc yna?

Aeth o i fyny'r grisiau gan weiddi'n uchel. Pan gyrhaeddodd o'r top, gwelodd o fod y lamp ddim yn gweithio. Ond beth oedd y golau yna yn yr atig? Yna, teimlodd o wynt oer ar ei wyneb. Camodd o i'r dde a gwelodd o ffenest fawr ar agor a rhywbeth tebyg i ysgol yn mynd allan drwyddi hi.

Gwaeddodd o'n uchel a rhedodd o i fyny'r grisiau i'r atig. Rhedodd o at y ffenest a gwelodd o'r ysgol raff yn cyrraedd y lawnt tu allan. Troiodd o. Roedd ei waed o'n berwi.

Teimlodd Jac y llawr yn ysgwyd wrth i'r lleidr redeg ar draws yr atig. Yna, clywodd o'r dyn yn rhedeg i lawr y grisiau. Yna, distawrwydd. Yna, lleisiau yn y gegin eto. Roedd yr arweinydd bron yn sgrechian.

"Mae'r clown wedi cael ofn ac mae o wedi'n gadael ni yma! Rhaid i ni fynd ar ei ôl o ar unwaith. Ydy'r drws i'r ystafell fyw wedi'i gloi?"

"Ydy," atebodd y lleidr arall, "ac mae'r agoriad yn y drws. Mae eu dwylo a'u traed nhw wedi'u clymu hefyd ac mae'r ffôn wedi'i ddatgysylltu."

Wrth glywed hyn, roedd Jac yn agor drws y cwpwrdd yn yr atig yn ofalus. Yna, troiodd o sgrîn y cyfrifiadur ymlaen eto.

"Reit, allan â ni. Dydy o ddim wedi gallu mynd yn bell."

Gwelodd Jac y ddau'n gwisgo'u balaclafas eto cyn mynd allan drwy'r drws cefn. Gwelodd o'r drws yn cau. Edrychodd o drwy ffenest yr atig yn ofalus a gwelodd o'r ddau'n rhedeg o gwmpas y tŷ i'r coed. Dyma'i gyfle. Ond cyn gadael yr ystafell, cipiodd o ei gyllell boced *Swiss Army* o'r drôr dan y ddesg.

Rhedodd o i lawr y grisiau a mynd yn syth at y drws cefn. Caeodd o'r ddau follt haearn trwm. Roedd un ar waelod y drws a'r llall ar y top. Fasai neb yn gallu agor y drws yma o'r tu allan. Rhedodd o drwy'r gegin, gan gipio'r ffôn symudol oddi ar y cwpwrdd.

Yna, aeth o at y drws arall a gwneud yr un fath. Rhedodd o drwy'r ystafelloedd eraill er mwyn gwneud yn siŵr fod pob ffenest wedi'i chau a'i chloi. Basai'n cymryd tanc i dorri i mewn i'r tŷ rŵan!

Yna, agorodd o ddrws yr ystafell fyw ac aeth o i mewn. Gwelodd o wynebau ofnus ei fam, ei frawd a'i chwaer a'i ffrind Huw. Defnyddiodd o ei gyllell boced i dorri'r plastig o gwmpas eu dwylo a'u coesau. Siaradodd o'n gyflym. Am ryw reswm roedd o'n sibrwd yn uchel.

"Pawb i fyny'r grisiau i'r atig. Bydd popeth yn iawn, ond well i ni guddio yno, yn y cypyrddau dillad, nes i'r heddlu gyrraedd. Dim ond rhag ofn. Ewch yn gyflym. A pheidiwch ag agor drws y cwpwrdd dillad ar ben y grisiau. Mae un o'r lladron yno!"

Cododd pawb ar eu traed a rhedeg i fyny'r grisiau.

Yna, gwasgodd Jac y botwm ar ei ffôn symudol i alw ei dad. Atebodd o ar unwaith.

"Dad, Jac sy yma. Mae lladron arfog wedi torri i mewn i'r tŷ. Galwa'r heddlu ar unwaith, ond bydda'n ofalus achos mae un ditectif yn gweithio gyda'r gang. Rydan ni i gyd yn iawn, ond mae'r lladron arfog tu allan a dw i wedi cloi un ohonyn nhw i fyny'r grisiau. Brysia adre. A Dad – diolch byth dy fod ti'n hwyr yn dod adre o'r gwaith eto."

Wyt ti eisiau darllen mwy am Jac a'r lladron yma?
Os wyt ti, darllena **Dial** gan Llion Iwan.